Inhalt

Gefährliche Mitarbeiter - Risikominimierung durch angepasste Vergütungssysteme

Kernthesen

Beitrag

Fallbeispiele

Weiterführende Literatur

Impressum

Gefährliche Mitarbeiter - Risikominimierung durch angepasste Vergütungssysteme

Robert Reuter

Kernthesen

- Compliance-Verstöße und fehlerhafte Managemententscheidungen machen den Mitarbeiter zum Geschäftsrisiko.
- Regel- und Gesetzesverstöße sind nur selten individuelle Machenschaften. Meist passieren die Verstöße aus einem System heraus, das falsche Anreize setzt.
- Um riskantes Verhalten zu vermeiden, empfehlen Experten ein Vergütungssystem, das die richtigen Anreize setzt.
- Ferner existieren bereits Erhebungen, die die

Belegschaften in Risikoklassen unterteilen. Demnach ist das Mittelmanagement für fehlerhaftes Handeln doppelt so anfällig wie das Top-Management.

Beitrag

Der Mitarbeiter als Geschäftsrisiko

Dass das Verhalten von Mitarbeitern ein Risiko für das Unternehmen bedeuten kann, ist mit der Finanzkrise besonders offenkundig geworden. So war die Krise als Ganzes unzweifelhaft die Folge von Managementfehlern, wie etwa die auch von etlichen deutschen Bankern getroffene Entscheidung, US-amerikanische Kreditverbriefungen zu kaufen. Insbesondere die deutschen Landesbanken, zuallererst aber die Pleitebank Hypo Real Estate, schlugen - vom Top-Management gesteuert - hoch riskante Wege ein, die die Unternehmen nahe an oder in den Abgrund führten.

Ein anderes Feld, auf dem die Verhaltensfehler von Individuen das ganze Unternehmen in Schieflage bringen können, ist die fehlende Bereitschaft, sich an Regeln und Gesetze zu halten. Compliance ist darum ein Hauptthema der Betriebsführung geworden, kommt aber für manches Unternehmen fast schon zu spät. So hat sich die Deutsche Bank über derartig viele Normen hinweggesetzt, dass sie fast den ganzen Jahresgewinn 2012 für Rechtsstreitigkeiten zurückstellen muss. Auch bei der Nichtbeachtung von Gesetzen kommt es immer auf das Individuum an. So wird es sicherlich kaum zu beweisen sein, dass die Deutsche Bank als Gesamtunternehmen beschlossen hat, Referenzzinssätze zu manipulieren.

Neben bekannten Risikogruppen wie etwa Markt-, Kredit-, Liquiditäts- oder Rechtsrisiken gerät darum das operationelle Risiko stärker in den Fokus der Unternehmen. Operationelle Risiken sind nach Definition des Basler Ausschusses für Bankenaufsicht solche Gefahren, die infolge der Unangemessenheit oder des Versagens von internen Verfahren, Menschen und Systemen oder wegen externer Ereignisse eintreten.

Es ist allerdings falsch, fehlerhaftes Verhalten alleine im Individuum begründet zu sehen. Viel mehr gehen systemische Risiken mit den menschlichen Risiken meist Hand in Hand. Dies ist auch der Grund, warum bisher kaum ein Manager persönlich für das Desaster von 2008/2009 verantwortlich gemacht werden konnte. Immer tritt bei Untersuchungen stattdessen zutage, dass selbst fehlerhaftes oder unrechtliches Verhalten im Umfeld des unternehmerischen Handelns gar nicht als solches aufgefasst wurde. Die

Konsequenz hieraus ist, dass der Mitarbeiter als ein in komplexe Handlungsgefüge eingebetteter Akteur verstanden werden muss. Das Unternehmen wirkt dabei wie ein Anreizsystem, das den Einzelnen dazu animiert, besten Gewissens mal in die falsche und mal in die richtige Richtung zu marschieren.

Die komplexe Dynamik, die innerhalb von Unternehmen dazu führen kann, dass später nicht mehr beherrschbare Risiken eingegangen werden, macht die Anwendung klassischen Risikomanagements auf das Verhalten von Individuen unmöglich. Zur Minimierung der von Mitarbeitern ausgehenden Risiken schlagen Experten darum die Installation eines Vergütungssystems vor, das das Verhalten des Mitarbeiters proaktiv in eine risikovermeidende Richtung steuert. So sollte das Vergütungssystem den Mitarbeiter dazu animieren, sich in seinem Handeln ausschließlich an der Unternehmensstrategie, dem Werterahmen der Firma und den Interessen der Aktionäre auszurichten.

Die drei zentralen Risiken, die von Mitarbeitern ausgehen, sind das Risiko fehlender Motivation, zweitens das Bindungsrisiko - womit seine für das Unternehmen nachteilige Kündigung gemeint ist - und drittens das Ausrichtungsrisiko. Hiermit sind all jene Handlungen des Mitarbeiters gemeint, die sich nicht an den drei Kriterien Strategie, Wertekanon und Shareholder Value ausrichten.

Ein durchdachtes Vergütungssystem darf solche Handlungen, die soziale Normen aushebeln oder sogar Gesetze missachten, nicht honorieren. Stattdessen sollten variable Vergütungsanteile gewährt werden, die aber erst zur Auszahlung kommen, wenn sich der Erfolg als nachhaltig erwiesen hat. Auf diese Weise wird verhindert, dass Manager nur kurzfristige Renditen oder bloße Umsatzsteigerungen anpeilen, da sich diese sofort auf das eigene Bonuskonto niederschlagen. (1), (2), (3), (5)

Die meisten Risiken lauern im Mittelmanagement

Ein völlig anderer Weg, dem Risikofaktor Mitarbeiter beizukommen, ist eine Klassifikation der Belegschaft nach festen Kriterien. Die Frage ist, wie man das von Mitarbeitern ausgehende Risiko, Rechtsbrüche oder Regelverstöße zu begehen, klassifizieren kann. Experten aus dem Personalwesen sprechen bereits von Verhaltensrisikoprofilen, durch deren Erstellung es möglich werden soll, die Anfälligkeit des Kollegen für ungesetzliches Verhalten einzukalkulieren und zu verstehen.

Von zentraler Bedeutung für die Anfälligkeit, unrechtliches Verhalten an den Tag zu legen, ist die dem Mitarbeiter zuzuschreibende Risikobereitschaft.

In der Literatur geht man davon aus, dass Compliance-Verstöße in der Risikobereitschaft von Mitarbeitern begründet sind. Hohe Risikobereitschaft führt demnach potenziell zu vielen Regelverstößen, während der auf Sicherheit bedachte Kollege weniger gefährdet ist, Normen zu missachten.

Laut der globalen Studie - die ihre Ergebnisse durch das Ausfüllen von Fragebogen gewann - weist eine von acht Fach- und Führungskräften ein hohes Maß an Verhaltensrisiken auf. Interessant ist dabei, dass die verhaltensbedingten Risikofaktoren sinken, je höher die Hierarchiestufe ist. So stellt lediglich einer von 15 Top-Managern ein erhöhtes Unternehmensrisiko dar.

Besonders risikobereite Mitarbeiter finden sich in den unteren Hierarchieebenen. Team- und Abteilungsleiter bergen im Vergleich mit der Führungsebene ein doppelt so hohes Risikopotenzial: Hier kommt schon auf sieben Manager eine Führungskraft, die als ausgesprochen risikobereit eingestuft werden muss.

Für die Unternehmen ist die stärkere Anfälligkeit des Mittelmanagements gegenüber betriebsgefährdenden Handlungsweisen ebenso ernst zu nehmen wie die Mitarbeiterrisiken in den Top-Führungsebenen. Immerhin bilden Mittelmanager die entscheidende Schnittstelle zwischen Strategie und operationeller Umsetzung, so dass es keine Entwarnung bedeutet, wenn die Studie das Top-Management weniger risikoanfällig einstuft als die Führungsschicht darunter. Gleichwohl gerät das Mittelmanagement durch die hier zitierte Studie in den Mittelpunkt zu erwartender Compliance-Verstöße.

Die Studie definiert Verhaltensrisiken bei Führungskräften jedoch nicht erst dann als solche, wenn sie in handfeste Compliance-Verstöße münden. Die Risken lauern schon in der Kommunikation und in der Fähigkeit, die richtigen Entscheidungen zu fällen. Risiken ist ein Unternehmen bekanntlich nicht nur durch offenkundige Rechtsbrüche, sondern auch durch fehlerhafte Entscheidungen ausgesetzt. Dies ist beispielsweise der Fall, wenn Auswirkungen einer Entscheidung auf das Unternehmen nicht genügend bedacht werden. Auch das Ignorieren anderer Meinungen darf als forsche und damit risikobereite Mentalität verstanden werden, die das Unternehmen in riskante Situationen manövrieren könnte. (1)

Vertrauen ist gut, Kontrolle ist besser

Ein ebenfalls gangbarer und überdies nahliegender Weg zur Minimierung von Mitarbeiterrisiken ist es, die Kandidaten für Neubesetzungen gezielt unter dieser Prämisse auszuwählen. Ältere Studien haben bereits gezeigt, dass bei der Personalauswahl oft Fehler gemacht werden, die dazu führen, dass bis zu einem Viertel der gefällten Personalentscheidungen innerhalb von zwei Jahren revidiert werden muss. An weiteren zehn bis 15 Prozent der Anstellungen wird festgehalten, obwohl die Unzufriedenheit bereits überwiegt. Nicht selten ist der Grund dafür, an ungeeigneten Personen festzuhalten, pure Feigheit. Trennungsgespräche oder auch nur das Pochen auf gemeinsam festgelegte Zielvereinbarungen sind unangenehm und werden darum gern verschoben. Das klingt zwar kaum professionell, wird von Personalberatern aber als Normalfall geschildert. Personalverantwortliche, die sich um eine Entscheidung so lange herumdrücken, bis sie gar nicht mehr schlafen können, sind demnach alles andere als eine Seltenheit.

Mitarbeiter, die mit ihrer Risikobereitschaft das Unternehmen gefährden, sind zwar, wie oben dargestellt, oft mit einem System falscher Anreize verwoben. Gleichwohl sind Vorgesetzte nicht zuletzt dafür da, das Tun ihrer Mitarbeiter zu kontrollieren. Dies passiert in der Praxis jedoch oft gerade dann nicht mehr, wenn der Kollege Erfolg auf Erfolg präsentiert, die sich auch auf dem Bonuskonto der verantwortlichen Führungskraft niederschlagen. Solche Fälle waren Nick Leeson - der Mann, der die Barings Bank ruinierte - und Jérome Kerviel, der die

Société Générale um fünf Milliarden Euro erleichterte. (4)

Trends

Der sich selbst kontrollierende Mitarbeiter

Top-Thema im Personalmanagement und in der Führungsforschung ist derzeit jedoch nicht die Kontrolle, sondern das Vertrauen. Allerdings kollidiert die Fürsprache für ein vertrauensvolles Miteinander und die Förderung von Selbstständigkeit mit dem Faktum vielzähliger Unternehmensschädigungen - die oft nur möglich sind, eben weil dem Täter Vertrauen geschenkt worden ist. Wichtig ist es darum, den Mitarbeitern aufzuzeigen, wie sie sich selbst kontrollieren können, denn Fremdkontrolle ist überdies teuer und aufwendig. Damit Mitarbeiter im Sinne des Vorgesetzten agieren, müssen sie die jeweiligen Vorgaben als selbst gesetzte Ziele akzeptieren; zugleich muss der Mitarbeiter in der Lage sein, seine für die Zielerreichung nötigen Fähigkeiten selbst richtig einzuschätzen. Die Förderung von Selbst-Vertrauen als Grundlage für eine wirksame Selbst-

Kontrolle ist ein aktuell viel beschriebenes Thema. Ob sich hieraus ein Trend für die Mitarbeiterführung entwickelt, ist jedoch noch nicht abzusehen. (7)

Fallbeispiele

Verordnete Compliance in der Versicherungswirtschaft

Auch die Versicherer haben das Thema Compliance auf die Tagesordnung gesetzt und sind nun darum bemüht, dementsprechende Normen und ethische Grundsätze aufzustellen. Die Branche hat allerdings das Problem, dass sie den freien Maklern einen Compliance-Wertekanon gar nicht verordnen kann. Dennoch hat der Gesamtverband der deutschen Versicherungswirtschaft (GDV) seinen Verhaltenskodex dahingehend verschärft, dass auch die freien Vermittler die Compliance-Vorschriften des Dachverbandes befolgen sollen. Bei den Maklern hat das Ansinnen zu einem Aufschrei geführt. Sie geben zu bedenken, dass Versicherer gar nicht befugt sind, freien Maklern Vorschriften zu machen. Zum anderen wird angeführt, dass sich jedes Versicherungsunternehmen eigene und damit unterschiedliche Compliance-Regeln gibt. Die freien

Makler wären dadurch gefordert, die verschiedensten Regelwerke zu beachten und dies dann auch logistisch zu bewältigen. Ein Ausweg aus dem Dilemma könnte sein, dass sich die freien Makler selbst einen Verhaltenskodex geben. (6)

Weiterführende Literatur

(1) Mitarbeiterrisiken richtig einschätzen
aus Personalwirtschaft, Heft 07/2013, S. 37-39

(2) Risikofaktor Mitarbeiter Mit Vergütungssystemen operationelle Risiken minimieren
aus RISIKO MANAGER Nr. 11 vom 28.05.2009

(3) 57 Die Aufdeckung von Unternehmensschädigungen erfolgt auf vielfältige Weise: Das Rechnungswesen geht unplausiblen Buchungen auf den Grund, die Interne Revision oder der Wirtschaftsprüfer decken entsprechende Handlungen auf, aufmerksame Vorgesetzte, aber auch Zufälle führen zur Gewissheit, dass das Unternehmen übervorteilt wurde. Wie es dann weitergeht, ist den Beteiligten meistens unklar, aufgrund ungeklärter Verantwortlichkeiten werden nicht selten Fehler begangen, welche den Ausgleich des Schadens gefährden. Die Unternehmensinteressen können durch eine zentrale Verantwortung der Aufgaben nach dem Auftauchen

erster Verdachtsmomente gesichert werden. Warum hierfür das Controlling prädestiniert ist und wie die Rückführung der Vermögensschäden gewährleistet wird, erläutert der weitere Text. Verantwortlichkeit des Controllings Nach Aufdeckung von Unternehmensschädigungen stellen sich vier Fragen: - Wie hoch ist der Schaden? - Wie kann eine Rückführung gewährleistet werden? - Wie soll mit dem Delinquenten verfahren werden? - Wie kann eine zukünftige Schädigung vermieden werden? Für jede Frage ist üblicherweise ein anderer Unternehmensbereich verantwortlich. Die Schadensermittlung erfolgt durch das Rechnungswesen, mit der Rückführung wird die Rechtsabteilung beauftragt, welche bei unternehmensfremden Tätern auch die rechtliche Vorgehensweise festlegt, was bei eigenen Mitarbeitern durch das Personalwesen erfolgt. Den geschädigten Fachbereich obliegt es, Lösungen zu entwickeln, welche zukünftige Schädigungen vermeiden. Falls das Unternehmen über eine Interne Revision verfügt, wird diese ebenfalls involviert. Da das Vorgehen meistens unkoordiniert erfolgt, werden selten alle Ziele gleichermaßen erreicht. Eine Koordination des Controllings gewährleistet die Priorisierung und Durchsetzung der Ziele. Einige Praxisbeispiele zeigen den Handlungsbedarf auf: - Ein Lagermitarbeiter hat ein Kleinteil unerlaubt entwendet. Aufgrund der "Null-Toleranz"-Politik des

Unternehmens erfolgt sofort die Entlassung durch das Personalwesen. Das Teil hatte einen Wert von 2 Euro, der Mann hat vier unterhaltspflichtige Kinder und ist Alleinverdiener. Die Reaktionen der Presse und die Wirkung auf die Außendarstellung sind eindeutig. Nach der Unternehmensschädigung Rückführung von Vermögenswerten von Daniel Pudliszweski und Susanne Schneider
aus CONTROLLER Magazin, Heft 3/2012, S. 57-62

(4) Was bei der Personalauswahl beachtet werden muss Mitarbeiter richtig auswählen
aus Die Tabak Zeitung vom 02.11.2012, Nr. 044/2012

(5) Variable Vergütung gibt Anreize für Fehlverhalten
aus Immobilien Zeitung Nr. 40-41 vom 04.10.2012 Seite 56

(6) Verhaltenskodex für den Vertrieb von Versicherungsprodukten verschärft
aus AssCompact Nr. 04 vom 04.04.2013 Seite 90

(7) Selbstkontrolle von Mitarbeitern fördern
aus ZFO - Zeitschrift Führung und Organisation 02/2013, S.096

Impressum

Gefährliche Mitarbeiter - Risikominimierung durch angepasste Vergütungssysteme

Bibliografische Information der deutschen Nationalbibliothek

Die Deutsche Nationalbibliothek verzeichnet diese Publikation in der deutschen Nationalbibliografie; detaillierte bibliografische Daten sind im Internet über http://dnb.d-nb.de abrufbar.

ISBN: 978-3-7379-0990-7

© 2015 GBI-Genios Deutsche Wirtschaftsdatenbank GmbH, Freischützstraße 96, 81927 München, www.genios.de

Alle Rechte vorbehalten. Dieses Werk ist einschließlich aller seiner Teile – z.B. Texte, Tabellen und Grafiken - urheberrechtlich geschützt. Jede Verwertung außerhalb der Grenzen des Urheberrechtsgesetzes bedarf der vorherigen Zustimmung des Verlags. Dies gilt insbesondere auch für auszugsweise Nachdrucke, fotomechanische

Vervielfältigungen (Fotokopie/Mikroskopie), Übersetzungen, Auswertungen durch Datenbanken oder ähnliche Einrichtungen und die Einspeicherung und Verarbeitung in elektronischen Systemen.